BEI GRIN MACHT SICH IHR
WISSEN BEZAHLT

- Wir veröffentlichen Ihre Hausarbeit,
  Bachelor- und Masterarbeit

- Ihr eigenes eBook und Buch -
  weltweit in allen wichtigen Shops

- Verdienen Sie an jedem Verkauf

Jetzt bei www.GRIN.com hochladen
und kostenlos publizieren

Bibliografische Information der Deutschen Nationalbibliothek:

Die Deutsche Bibliothek verzeichnet diese Publikation in der Deutschen National-bibliografie; detaillierte bibliografische Daten sind im Internet über http://dnb.d-nb.de/ abrufbar.

Impressum:

Copyright © 2019 GRIN Verlag
Druck und Bindung: Books on Demand GmbH, Norderstedt Germany
ISBN: 9783668945814

Dieses Buch bei GRIN:

https://www.grin.com/document/464395

Lisa Zajonz

Wie können Kinder mit Asperger-Syndrom im Kita-Alltag gefördert werden?

GRIN Verlag

1. Einleitung

Stellen Sie sich vor, Sie kämen in eine Kindertagesstätte und träfen dort auf ein Kind, welches sich auf den ersten Blick in keiner Weise von seinen Altersgenossen unterschiede.

Bei genauerem Beobachten stellen Sie jedoch fest, dass es sich anders als die anderen verhält: Es steht allein herum, spielt nicht mit den anderen Kindern und scheint ganz und gar mit sich selbst beschäftigt zu sein.

Auch ich habe schon ein solches Kind bei meinem Praktikum in der Krippe kennengelernt. Dieses Kind vermied jeglichen körperlichen und sozialen Kontakt zu den Erziehern. Als sich dieses Kind beispielsweise einmal verletzt hatte und eine pädagogische Fachkraft es trösten wollte, ist es vor ihr weggerannt. Überhaupt hielt es sich beim Spielen von den anderen Menschen fern und wollte auch keine der Erzieherinnen in sein Spiel miteinbeziehen, wodurch es bis jetzt keiner pädagogischen Fachkraft im Team gelungen ist, eine Beziehung zu dem Kind aufzubauen.

Die Erzieherinnen in meinem Team stellten die Vermutung auf, dass dieses Kind das Asperger-Syndrom haben könne.

Heutzutage tritt diese Art von Entwicklungsstörung überall im Kita-Alltag auf. Dennoch kennen sich viele Erzieherinnen nur wenig mit ihr aus. Dadurch sind sich die meisten unsicher, wie sie mit Kindern, die vom Asperger-Syndrom betroffen sind, umgehen sollen und wie sie sie im Kita-Alltag fördern können.

Da ich mich für das Thema „Asperger-Syndrom" interessiere, möchte ich mich mit dieser Art von Störung in meiner Facharbeit auseinandersetzen.

Mein Ziel ist es jedoch herauszufinden, wie Kinder mit diesem Syndrom im Kita-Alltag gefördert werden können.

Hierzu werde ich zunächst beschreiben, was Autismus allgemein ist. Danach werde ich auf das Asperger-Syndrom eingehen und darstellen durch welche Merkmale es sich kennzeichnet. Im Anschluss werde ich ein paar Strategien und Ideen für den praktischen Alltag in der Kita aufführen, wie man als Erzieherin Kinder, welche davon betroffen sind, fördern kann.

2. Autismus

Der Begriff „Autismus" setzt sich aus dem griechischen Wort „autos" (selbst) sowie der lateinischen Endung „-ismus" zusammen[1] und sagt aus, dass Betroffene „in sich gekehrt sind und wenig Interesse an anderen [Menschen] zeigen."[2]

Dieser bezieht sich laut der Autorin Susan Dodd „auf mehrere neurologische Entwicklungsstörungen, die Teile des zentralen Nervensystems betreffen, insbesondere die Art und Weise, wie verbale und nonverbale Informationen verarbeitet werden."[3]

In den Internationalen Klassifikationssystemen psychischer Störungen wird Autismus zu den tiefgreifenden Entwicklungsstörungen gezählt. Der Begriff „tiefgreifende Entwicklungsstörung" steht für eine Gruppe von Störungen, „die durch qualitative Beeinträchtigungen in gegenseitigen Interaktionen und Kommunikationsmustern sowie durch ein eingeschränktes, stereotypes, sich wiederholenden Repertoire von Interessen und Aktivitäten charakterisiert sind".[4]

Alles in allem ist Autismus also eine Entwicklungsstörung unterschiedlicher Bereiche des zentralen Nervensystems.[5] Diese lässt sich an Symptomen, wie repetitivem Verhalten, Beeinträchtigung in sozialen Beziehungen und in der sozialen Kommunikation sowie einer sensorischen Beeinträchtigung erkennen.[6] Diese vier Merkmale treten bei den Betroffenen in unterschiedlichen Schweregraden auf.[7]

Autismus wird entweder durch genetische Einflüsse oder pränatal sowie durch perinatal entstandene Hirnschäden ausgelöst.[8]

Er lässt sich in drei Arten unterteilen: den atypischen Autismus, den frühkindlichen Autismus und das Asperger-Syndrom.[9] Während der atypische Autismus in der Regel mit einer schweren geistigen Behinderung einhergeht, können Menschen mit frühkindlichem Autismus von einer geistigen Behinderung betroffen sein.[10] Das Asperger-Syndrom kann als die leichteste Form des Autismus gesehen werden.[11]

---

[1] Vgl. Dodd, Susan (2007): *Autismus. Was Betreuer und Eltern wissen müssen.* 1. Auflage. München: Elvesier GmbH, S. 1.
[2] Ebd., S. 1
[3] Ebd., S. 7
[4] Remschmidt Helmut (2000): *Autismus. Erscheinungsformen, Ursachen, Hilfen.* München: Verlag C. H. BECK, S. 14.
[5] Vgl. Dodd (2007): S. 7.
[6] Vgl. ebd., S. 19.
[7] Vgl. ebd.
[8] Vgl. Remschmidt (2000): S. 57f.
[9] Vgl. Franke, Sven (2018): *Asperger Kinder erkennen und (ein wenig) verstehen lernen. Ein kleiner Ratgeber für Eltern von Kindern mit Asperger-Syndrom,* Nordstedt: Books on Demand gGmbH, S. 2.
[10] Vgl. Franke (2018): S. 2
[11] Vgl. ebd., S. 2

Diese drei Formen des Autismus werden häufig in der Literatur auch als „Autismus-Spektrum-Störungen" oder auch „Autistisches-Kontinuum" bezeichnet.[12] Dennoch können diese Arten des Öfteren nicht klar voneinander getrennt werden, da die Übergänge zwischen diesen Varianten fließend sind.[13] Auch ist zu erwähnen, dass Autismus in Kombination mit vielen anderen Erkrankungen auftreten kann, wie zum Beispiel mit dem hyperkinetischen Syndrom, der Aufmerksamkeitsdefizit-/Hyperaktivitätsstörung.[14]

Im Folgenden wird nun auf das Asperger-Syndrom eingegangen:

3. Asperger Autismus

3.1. Definition und Bedeutung

Seit 1992 ist das Asperger-Syndrom im internationalen Klassifikationssystem der Weltgesundheitsorganisation der Vereinten Nationen zu finden.[15]

Um eine Vorstellung davon zu bekommen, was das Asperger-Syndrom genau ist, schauen wir uns zunächst im Folgenden einmal an, wie die WHO diese Störung beschrieben hat. Laut der WHO ist das Asperger-Syndrom:

> Eine Störung von unsicherer nosologischer Prägnanz, durch dieselbe Form qualitativer Beeinträchtigungen der gegenseitigen sozialen Interaktionen charakterisiert, die für den Autismus typisch ist, hinzu kommt ein Repertoire eingeschränkter, stereotyper sich wiederholenden Interessen und Aktivitäten. Die Störung unterscheidet sich vom Autismus in erster Linie durch das Fehlen einer allgemeinen Entwicklungsverzögerung bzw. eines Entwicklungsrückstandes der Sprache oder der kognitiven Fähigkeiten. Die meisten Patienten besitzen eine normale allgemeine Intelligenz, sind jedoch üblicherweise motorisch auffällig ungeschickt; die Erkrankung tritt vorwiegend bei Jungen auf. [...]. Die Auffälligkeiten haben eine starke Tendenz, bis in die Adoleszenz und ins Erwachsenen Alter zu persistieren. Es scheint, dass sie individuelle Charakteristika darstellen, die durch Umwelteinflüsse nicht besonders beeinflusst werden.[16]

Zusammengefasst lässt sich also sagen, dass das Asperger-Syndrom eine mildere Form des Autismus ist, welche zumeist bei Jungen auftritt. Häufig haben Betroffene Schwierigkeiten in sozialen Interaktionen und somit auch in der Kommunikation, sind motorisch ungeschickt, haben spezielle Interessen und zeigen gleichbleibende Verhaltensmuster. Dennoch weisen sie keine Verzögerungen in der sprachlichen

---

[12] Vgl. Amlang, Maud (2011): *Autismus. Verstehen und Helfen.* Tübingen: dgvt-Verlag, S. 17.
[13] Vgl. Franke (2018): S. 2.
[14] Vgl. Remschmidt (2000): S. 26.
[15] Vgl. Jorgensen, Ole, Sylvester(2002): *Asperger Syndrom zwischen Autismus und Normalität. Diagnostik und Heilungschancen,* 6. Auflage. Weinheim und Basel: Beltz Verlag, S. 12.
[16] Jorgensen, Ole, Sylvester (1998): *Autismus oder Asperger. Differenzierung eines Phänomens,* 2. Auflage. Weinheim und Basel: Beltz Verlag, S. 20.

Entwicklung auf. In der Regel bleiben diese Symptome bis ins Erwachsenalter hinein bestehen.

Doch zeigen sie sich auch häufig schon bei Kindern im Kindergarten. Um in der Lage zu sein, Kinder mit diesen Symptomen zu fördern, ist es zunächst einmal notwendig zu wissen, was es genau für Symptome sind und wie diese sich äußern. Deshalb werden diese im nächsten Unterkapitel nun beschrieben und näher erläutert.

3.2. Symptome

Das Asperger-Syndrom ist erst nach dem 4.-6. Lebensjahr sowie bei Menschen im Erwachsenenalter an verschiedenen Anzeichen zu erkennen.[17] Eines dieser Anzeichen sind die Spezialinteressen bzw. stereotypen Verhaltensweisen.[18]

3.2.1 Spezialinteresse und stereotype Verhaltensweisen

Kinder mit Asperger-Syndrom bringen häufig Spezialinteressen mit. Diese spezifischen Interessen umfassen häufig Themen, welche sich von den Interessen anderer Kinder im gleichen Alter unterscheiden. So kann es vorkommen, dass Betroffene sich eher weniger mit Spielsachen beschäftigen möchten und stattdessen ihren Fokus lieber auf Dinge wie zum Beispiel, Bierdeckel oder Waschmaschinen oder Themengebiete, wie Dinosaurier oder Schraubenschlüssel richten.[19] Häufig nehmen diese „Spezialinteressen" einen sehr großen Raum im Leben der Kinder ein. Dies führt dazu, dass die Kinder ein breites Wissen in dem Interessensgebiet erwerben oder sich Fähigkeiten aneignen, die weit über die Fähigkeiten anderer Kinder ihres Alters hinausgehen.[20]

Ähnlich wie mit den Spezialinteressen, welchen Kinder mit dem Asperger-Syndrom regelmäßig nachgehen möchten, wollen auch diese Kinder, dass bestimmte Rituale oder Gewohnheiten in ihrem Alltag eingehalten werden.[21] Wenn beispielsweise ein Kind mit Asperger-Syndrom regelmäßig in den Kindergarten gebracht wird und die Eltern dabei immer dieselbe Strecke fahren, möchte das Kind auch weiterhin über diese Strecke in den Kindergarten gelangen. Ist dies eines Tages nicht der Fall, da die Eltern beispielsweise eine Abkürzung nehmen möchten, kann das betroffene Kind in Angst und Panik geraten.[22] Die Ursache dafür ist, dass derartige Veränderungen die Ordnung und die Struktur stören, die

---

[17] Vgl. ebd., S. 38.
[18] Vgl. ebd., S. 38
[19] Vgl. Franke (2018): S. 53.
[20] Vgl. Jorgensen (1998): S. 41.
[21] Vgl. Atwood, Tony (2000): *Das Asperger Syndrom: Ein Ratgeber für Eltern*, Georg Thieme Verlag, 1. Auflage. Talheim: S. 102.
[22] Ebd., S.102

dem Kind mit dieser Routine gegeben werden. Das Kind verspürt Unsicherheit, da nun auf einmal das Leben ungewiss und unvorhersehbar wird.[23]

3.2.2 Soziale Interaktion und Kommunikation

Anders als ihren Altersgenossen fällt es autistischen Kindern schwer, mit ihren Mitmenschen zu interagieren. Sie zeigen Auffälligkeiten in ihrem nonverbalen Verhalten und haben Schwierigkeiten, Blickkontakt zu anderen Personen herzustellen.[24]

Die Ursache hierfür liegt laut Susan Dodd, einer australischen Heilpädagogin, darin, dass viele der Betroffenen aufgrund ihres mangelnden Einfühlungsvermögen nicht wissen, wie sie mit anderen Menschen eine Interaktion eingehen können und wie sie auf die Verhaltensweisen anderer Menschen angemessen reagieren sollen.[25] Dadurch können Situationen entstehen, in denen Kinder sich gern am Spiel anderer Kinder beteiligen würden, aber es nicht tun, da sie nicht wissen, wie sich in einer Gruppe verhalten sollen.[26]

Auch können somit Missverständnisse in der Kommunikation auf verbaler, nonverbaler oder paraverbaler Ebene entstehen.[27]

Auch fällt es ihnen schwer, Gefühle wie Glück, Trauer oder Zorn mit anderen Menschen zu teilen.[28] So kann es beispielsweise vorkommen, dass ein Kind, welches zum Geburtstag eine Torte bekommt, sich über diese Torte freut, aber keine Teilhabe beim Singen des Geburtstagsliedes zeigt und somit eher desinteressiert auf die anderen wirkt.[29]

3.2.3 Sprache

Zwar sind Kinder mit dem Asperger-Autismus nicht in ihrer Sprachentwicklung verzögert und zeigen auch keine Defizite im Sprachverständnis oder beim Sprechen selbst.[30] Stattdessen vermeiden sie es jedoch, sich mit anderen verbal auszutauschen.[31] Sprache erfüllt für sie nämlich nur den Zweck der Informationsweitergabe, ihre Bedürfnisse bekannt zu geben oder von ihren Interessen zu erzählen.[32]

Auch sprechen sie häufig eintönig. Bestimmte Wörter werden somit beim Sprechen nicht angemessen betont, wodurch die Aussprache roboterhaft wirkt.[33]

---

[23] Vgl. Attwood (2000): S. 107.
[24] Vgl. Poustka, Fritz (2009): *Autistische Störungen. Informationen für Betroffene, Eltern, Lehrer und Erzieher.* Göttingen: Hogrefe Verlag gGmbH&Co. KG, S. 16.
[25] Vgl. Dodd (2007): S. 50.
[26] Vgl. Poustka (2009): S. 17.
[27] Vgl. ebd., S. 16.
[28] Vgl. ebd.
[29] Vgl. Poustka (2009): S. 17.
[30] Vgl. Dodd (2007): S. 181.
[31] Vgl. ebd., S. 180.
[32] Vgl. ebd., S. 180.
[33] Vgl. Dodd (2007): S. 18.

Auffällig ist, dass betroffene Kinder alles Gesagte wörtlich verstehen. Dadurch können bestimmte Witze sowie Aussagen, die anders gemeint sind als sie formuliert wurden, nicht ganz erfasst werden.[34] Wenn man also beispielsweise ein Kind mit Asperger-Syndrom fragt „Kannst du mir bitte das Buch geben?" ist es womöglich nicht in der Lage, die Aufforderung, welche in dieser Frage steckt, herauszuhören. Es würde mit „Ja" antworten und verdutzt über die Frage sein, warum es das nicht können sollte.[35]

3.2.4 Reizempfindlichkeit

Ein weiteres Symptom von Menschen mit dem Asperger-Syndrom ist die Über- und Unterempfindlichkeit hinsichtlich bestimmter Reize. Dabei sind hier Reize wie beispielsweise Gerüche, Berührungen, Geschmäcker gemeint.[36]

Diese Überempfindlichkeit äußert sich bei Kindern beispielsweise darin, dass viele betroffene Kinder, aber auch Erwachsene, ungern von anderen Menschen berührt werden.[37] Viele von ihnen empfinden diese Berührungen nicht nur als unangenehm, sondern ebenso als schmerzhaft.[38] Dies kann dazu führen, dass sie von ihren Bezugspersonen, aber auch ihren Eltern, nicht in den Arm genommen werden möchten oder beim Spielen auf einen Sicherheitsabstand achten, um nicht versehentlich von anderen Kindern berührt zu werden.[39]

Zusätzlich fehlt bei vielen Menschen, welche vom Asperger-Syndrom betroffen sind, der Reizfilter, der dafür sorgt, dass irrelevante Reize vom Gehirn als unwichtig bewertet werden und somit unbeachtet bleiben.[40] Dadurch kann es bei den Betroffenen schnell zu einem „Overload" kommen. Das bedeutet, sie geraten in einen Zustand, in welchem einzelne Reize nur erschwert oder nicht wahrgenommen werden können. Denn alles wird nur wie eine große Geräuschkulisse wahrgenommen.[41] Wenn es also im Morgenkreis aufgrund anderer Kinder oder anderer störender Geräusche zu laut ist, ist das Kind nicht in der Lage, sich darauf zu konzentrieren, was die Erzieherin vorne erzählt.

3.2.5 Motorik

Ein weiteres Merkmal von Betroffenen mit Asperger-Syndrom ist eine mangelnde Koordinationsfähigkeit der motorischen Bewegungen sowie Probleme mit dem Gleichgewichtsinn.[42] Dies zeigt sich darin, dass Kinder mit Asperger-Autismus anders

---

[34] Vgl. ebd., S. 19.
[35] Vgl. Franke (2018): S. 9.
[36] Vgl. ebd., S. 36.
[37] Vgl. ebd., S. 40.
[38] Vgl. ebd., S. 40.
[39] Vgl. ebd., S. 40, 41.
[40] Vgl. ebd., S. 37.
[41] Vgl. ebd., S. 38.
[42] Vgl. ebd., S. 113, 114.

Laufen oder Rennen als andere Kinder ihres Alters.[43] Häufig werden sie als tollpatschig wahrgenommen, da sie aufgrund der fehlenden Orientierung ihres eigenen Körpers im Raum beim Rennen beispielsweise des Öfteren stolpern.[44]

Ebenso zeigen viele der betroffenen Kinder Defizite hinsichtlich ihrer Feinmotorik. Dies bedeutet, dass viele von ihnen Schwierigkeiten bei Handlungen zeigen, die eine gewisse Geschicklichkeit erfordern.[45] Beispiele hierzu sind: sich selbst die Schuhe zubinden, der Umgang mit Messer und Gabel, usw....[46]

Diese hier beschriebenen Symptome treten bei betroffenen autistischen Kindern schon im frühen Alter auf[47] und können sich vermutlich nachteilig auf ihre Entwicklung und überhaupt auf ihr ganzes Leben auswirken. Wichtig ist es deshalb, diese Störung so früh wie möglich zu erkennen und das betroffene Kind so früh wie möglich zu fördern.

Auch im Kita-Alltag ist dies möglich. Im folgenden Kapitel wird nun darauf eingegangen, welche Maßnahmen Erzieherinnen ergreifen können, um diese Kinder zu fördern, welche Rahmenbedingungen in der Einrichtung dafür herrschen sollten und wie die Einstellung der Erzieherin sein sollte.

4. Kinder mit Asperger-Syndrom im Kita-Alltag

4.1. Fördermaßnahmen

Damit Kinder mit Autismus sich bestmöglich in der Kita entwickeln können, ist es notwendig, die Kinder mit ihren Schwächen zu fördern. Im Folgenden werden ein paar Maßnahmen sowie Spiele vorgestellt, die in der Gruppe durchgeführt werden.

Viele Kinder mit dem Asperger-Syndrom haben Probleme im feinmotorischen Bereich.[48] Um in der Schule Schwierigkeiten beim Schreibenlernen oder Zeichnen zu vermeiden, ist es wichtig, dass die Kinder einfache Tätigkeiten, wie zum Beispiel das Essen mit Messer und Gabel oder der Umgang mit Tätigkeiten, die feinmotorisches Geschick erfordern, beherrschen.[49]

---

[43] Vgl. ebd., S. 113.
[44] Vgl. Preißmann, Christine (2013): *Asperger. Leben in zwei Welten. Betroffene berichten: Das hilft mir in Beruf, Partnerschaft & Alltag*. 1. Auflage. Stuttgart TRIAS Verlag in MVS Medizinverlage Stuttgart GmbH & Co. KG, S. 31.
[45] Vgl. Preißmann, (2013): S. 118.
[46] Vgl. ebd.
[47] Vgl. ebd., S. 112.
[48] Vgl. Anfang, Maud (2011): S.131.
[49] Vgl. ebd., S. 131.

Um solche Vorgänge zu trainieren, ist laut Tony Attwood, einem amerikanischen Psychologen, die „Hände-auf-Hände-Strategie" sehr wirkungsvoll.[50] Bei dieser Methode führt der Erzieher die Hände des Kindes und übt mit ihm auf diese Weise derartige Tätigkeiten ein. Nach und nach reduziert man die Hilfe, die man dem Kind gibt.[51]

Laut der Psychotherapeutin Hanne Freud hilft „das isolierte Üben [dieser] feinmotorisches Tätigkeiten [...] oft nicht weiter, vor allem wenn die Grundlagen (Gleichgewicht, Tasten, Körpereigenwahrnehmung) nicht ausreichend entwickelt sind."[52]

Das bedeutet also, dass die Erzieherin erst einmal mit den Kinder das Gleichgewicht trainieren sollte und sie zusätzlich erst einmal unterstützen sollte, ihre Körperwahrnehmung auszubauen. Um den Gleichgewichtssinn zu fördern, können beispielsweise Kippelbretter zum Balancieren eingesetzt werden.[53]

Zur Anregung der Wahrnehmung eignen sich Gruppenspiele, bei welchen sich beispielsweise ein Kind in die Mitte legt und von zwei anderen Kindern mit Bierdeckeln zugedeckt wird. Die Erzieherin sollte dabei jedoch darauf achten, wie das Kind auf die taktilen Reize reagiert.[54] Ist zu beobachten, dass das Kind diese als unangenehm oder schmerzhaft empfindet, sollten das Spiel oder die Aktivität abgebrochen werden.

Damit die Bewegungen des autistischen Kindes beim Rennen oder Laufen nicht mehr so „plump" oder „puppenhaft" wirken, ist es wichtig, die Koordination der oberen und unteren Extremitäten zu fördern.[55] Dies ist möglich, indem man Kindertänze im Kindergarten durchführt und das Kind die Möglichkeit bekommt, fließende Bewegungen zu imitieren, welche es bei seiner Erzieherin oder auch anderen Kindern beobachtet hat.[56]

Bei diesen gemeinsamen Tätigkeiten könnte es jedoch vorkommen, dass das autistische Kind nicht an ihnen teilnehmen möchte, da es aufgrund seiner Kommunikations- und Interaktionsschwierigkeiten nicht weiß, wie es sich in einer Gruppe verhalten soll. Deshalb ist wichtig, Fähigkeiten zu fördern, welche für die gemeinsame Interaktion und Kommunikation gebraucht werden.

Eine Fähigkeit ist es beispielsweise, Gefühlslagen anderer Menschen am Gesichtsausdruck zu erkennen und auch die eigene Mimik an die Situation anzupassen.

Um autistische Kinder in diesem Bereich zu fördern, könnte man mit dem Kind allein oder auch in einer Kleingruppe Angebote durchführen, bei welchen verschiedene Gefühlslagen

---

[50] Vgl. Attwood, Tony (2016): S. 113.
[51] Vgl. ebd., S. 115.
[52] Amlang, Maud (2011): S. 131.
[53] Vgl. ebd., S. 131.
[54] Vgl. Amlang (2011): S. 131
[55] Vgl. Attwood (2016): S. 113.
[56] Ebd., S. 114.

wie Trauer, Freude, Angst im Einzelnen erkundet werden. Hierzu könnte man anhand eines Bildes zunächst überhaupt besprechen, wie beispielsweise ein trauriges Gesicht aussieht.[57] Im Anschluss könnte man mit den Kindern in Zeitschriften nach traurigen Gesichtern suchen, die Bilder ausschneiden und eine Collage erstellen, die man in der Kita aufhängt.[58] Die Erzieherin könnte verschiedene Bilderbücher mit den Kindern dazu anschauen und Fragen stellen, wie: „Wie fühlt sich diese Person?"

So wird das autistische Kind lernen, bestimmte Gefühle oder Gefühlsäußerungen anderer Menschen besser zu deuten und zu verstehen.

Um die sprachlichen Fähigkeiten zu fördern, welche auch für eine erfolgreiche Kommunikation notwendig sind, sollen Erzieherinnen mit autistischen Kindern verschiedene Redewendungen einüben, sodass diese nicht mehr wörtlich von ihnen verstanden werden und auch nicht mehr zu Verwirrung führen.[59]Dazu wählt die Erzieherin eine bestimmte Redewendung aus, die sie dann häufig in ihre Sätze einbaut. Diese Redewendung erklärt sie dem Kind immer wieder.[60] Zusätzlich ist es sinnvoll, wenn sie auch andere Erzieherinnen darum bittet, diese eine Redewendung im Alltag zu benutzen.[61] Denn auf diese Weise kann sich das Kind die Bedeutung dieser Redewendung besser einprägen. Wenn das Kind dann irgendwann auf die Redewendung richtig reagiert, da es nun weiß, was diese bedeutet, sollte es Lob von der Erzieherin erfahren.[62] Anschließend kann dann mit dem Kind eine neue Redewendung eingeübt werden.

Ebenso ist es wichtig, die Artikulation und Betonung einzelner Wörter von Sätzen mit den Kindern zu üben. Die Erzieherin kann einzelne Regeln, wie „Wenn [...] man eine Frage stellt, muss die Stimme am Ende des Satzes nach oben gehen"[63],aufstellen, die sie dann mit dem Kind demonstriert und mit ihm dann anschließend einübt.[64]

Damit Kinder aber auch lernen, eine Gruppe nicht als Bedrohung anzusehen, ist es ebenso gut, sie an Gruppensituationen zu gewöhnen. Wichtig ist es hierbei, dass schrittweise vorgegangen wird:

Zunächst sollte mit parallelem Spielen begonnen werden. Gemeint ist hier, dass eine Erzieherin oder ein anderes Kind neben dem autistischen Kind spielen. Das Kind sollte dabei zuerst lernen zu akzeptieren, dass jemand anderes neben ihm spielt. Mit der Zeit

---

[57] Vgl. Attwood (2016): S. 60.
[58] Vgl. ebd.
[59] Vgl. Schirmer, Brita (2006): *Elternleitfaden Autismus*, Stuttgart: TRIAS Verlag in MVS, S. 148.
[60] Vgl. ebd., S. 149.
[61] Vgl. Schirmer (2006): S. 149.
[62] Vgl. ebd., S. 149
[63] Vgl. ebd., S. 149
[64] Ebd., S. 149

kann der Erwachsene dann versuchen, mit dem Kind zu interagieren und Fähigkeiten mit ihm üben, wie beispielsweise zu teilen oder sich abzuwechseln.[65]

Als nächsten Schritt könnte man kurze Aktivitäten in Kleingruppen durchführen. Ebenso sollten Kinder hier wie auch beim vorherigen Schritt die Möglichkeit bekommen, soziale Fähigkeiten einzuüben.[66] Optimal wäre es hier, wenn das Kind einen Erwachsenen an seiner Seite hat, der ihn anleitet.[67]

Am Ende kann nun das autistische Kind versuchen, an Aktivitäten in größeren Gruppen teilzunehmen.[68] Hilfreich ist es auch hier für das Kind, wenn zu Anfang sein Bezugserzieher bei ihm ist, der ihm bei Unklarheiten weiterhilft. Angemessen wäre es auch hier, dass zu Anfang die Aktivitäten nicht zu lange dauern, damit das Kind sich an die neue Situation gewöhnen kann.

Es ist jedoch zu erwähnen, dass die mangelnden Fähigkeiten im sozialen Bereich nicht immer der Grund sind, weshalb das Kind an sozialen Aktivitäten in der Gruppe nicht teilhaben möchte. Oft ist es vermutlich auch der Fall, dass eine derartige Situation beim Kind Unsicherheit auslöst, da sie nicht vorhersehbar ist und dass das Kind nicht weiß, was es erwarten wird. Hier ist es empfehlenswert, wenn die Erzieherin das Kind auf die Seite nimmt und diesem Kind erklärt, was nun passieren wird. So kann sich das Kind auf die neue Situation einstellen und mental vorbereiten.[69] Im Kindergartenalltag ist es überhaupt empfehlenswert, Stundenpläne zu verwenden, die man mit den Kindern gemeinsam während des Morgenkreises durchgeht. Auf diese Weise werden der Tagesablauf und mögliche Veränderungen, die während des Tagesablaufs auftreten können, visualisiert.[70]

Eine andere Möglichkeit, warum das Kind nicht an Gruppenaktivitäten teilnehmen möchte, ist, dass es lieber seinem Spezialinteresse nachgeht. Dem Kind sollte es von Seiten der Erzieherin jedoch nicht erlaubt werden, sich den ganzen Tag nur mit ein und demselben Thema zu befassen oder sich nur einer einzigen Tätigkeit zuzuwenden. Denn laut der Sonderpädagogin Brita Schirmer macht „das Kind mit [...] [Asperger-Syndrom][auf diese Weise] keine neuen Erfahrungen. Es lernt in dieser Zeit viel weniger als [...] andere Kind[er]."[71]

Dies hat negative Auswirkungen auf seine Entwicklung, denn „die Entwicklung bestimmter Hirnzentren erfolgt besonders intensiv in bestimmten genetisch festgelegten Zeiträumen".[72]

---

[65] Vgl. Dodd (2007): S. 288.
[66] Vgl. ebd., S. 289.
[67] Vgl. Poustka (2009): S. 17.
[68] Vgl. ebd., S. 289.
[69] Vgl. Poustka (2009): S. 329.
[70] Vgl. ebd., S. 311.
[71] Schirmer (2006): S. 34.
[72] Ebd., S. 34.

Sinnvoll ist es aus diesem Grund, die Zeitspanne täglich einzugrenzen, wie lange sich das Kind mit seinem Lieblingsthema befassen darf.[73]

Dennoch ist es andererseits auch wichtig, dass die Erzieherin das spezielle Interesse des Kindes würdigt sowie bestärkt, sodass das Kind motiviert ist, sich weiterhin damit auseinanderzusetzen. Manche Interessen können nämlich irgendwann zu bestimmten Berufswünschen führen. Wenn es sich also beispielsweise für verschiedene Pflanzen- und Blumenarten interessiert, kann es irgendwann Berufe wie Gärtner oder Garten- und Landschaftsarchitekt ergreifen.[74]

Auch können die Interessen von der Erzieherin dafür genutzt werden, um die Begeisterung des Kindes für Bildungsangeboten und Tätigkeiten zu wecken, welche das Kind langweilen.[75] Wenn ein Kind sich also beispielsweise für Autos interessiert, kann die Erzieherin Abbildungen von Autos dafür verwenden, um mit dem Kind gemeinsam das Zählen zu üben.

Denn im Vergleich zu Kindern ohne Autismus sind Kinder mit dem Asperger-Syndrom nicht „von dem Bestreben beseelt, ihren [...] [Erziehern], Freunden, Freude zu bereiten, kompetitiv und kooperativ zu sein oder die Beschäftigung anderer Kinder nachzuahmen."[76]

Zusätzlich können diese Interessen aber auch als positive Verstärker für bestimmte Verhaltensweisen verwendet werden.[77]

Gemäß Sophia Althenthan sind „[p]ositive Verstärker [...] all jene Verhaltenskonsequenzen, welche die Auftretenswahrscheinlichkeit eines Verhaltens erhöhen, weil durch ihre Darbietung ein angenehmer Zustand herbeigeführt oder aufrechterhalten werden kann."[78] Wenn man also das Kind für sein positives Verhalten belohnt, indem man ihm erlaubt, seiner Lieblingsbeschäftigung nachzugehen, wird es in Zukunft viel öfter dieses positive Verhalten zeigen.

Im Gegensatz zu nicht autistischen Kindern reichen bei Kindern mit Asperger-Autismus soziale Verstärker wie Lob oder Anerkennung nicht aus, damit sie ein bestimmtes Verhalten erlernen.[79] Oft bevorzugen es autistische Kinder, „wenn ihnen die soziale Aufmerksamkeit entzogen anstatt geschenkt wird."[80]

---

[73] Vgl. Attwood (2016): S. 103.
[74] Vgl. ebd., S. 105.
[75] Vgl. ebd., S. 104.
[76] Attwood (2016): S. 104.
[77] Vgl. ebd., S. 104.
[78] Althenthan, Sophia (2012): *Pädagogik/ Psychologie für das berufliche Gymnasium Baden-Württemberg Band 2*. 1. Auflage. Köln: Bildungsverlag EINS GmbH, S. 67.
[79] Vgl. Attwood (2016): S. 259.
[80] Vgl. ebd.

Dabei ist es wichtig, dass das Kind am Anfang kontinuierlich, das bedeutet, jedes Mal wenn es das erwünschte Verhalten zeigt, bestärkt wird.[81] Wenn das Kind dann regelmäßig das erwünschte Verhalten zeigt, sollte man versuchen, die positive Verstärkung zu reduzieren, also das Kind nur intermittierend zu verstärken. Dadurch tritt die positive Konsequenz nur manchmal nach dem Zeigen dieses erwünschten Verhaltens auf, aber nicht jedes Mal.[82]

4.2. Rolle der pädagogischen Fachkraft

Auch kann das Kind bestimmte Verhaltensweisen lernen, indem es sich diese von einem Modell, wie einem Elternteil oder Erzieher, abschaut und nachahmt.[83] Wenn also das Kind beispielsweise lernen soll, sich selbst den Tee einzuschenken, sagt die Erzieherin zunächst einmal zum Kind: „Schenke dir Tee ein!". Anschließend lässt sie dem Kind fünf bis zehn Sekunden Zeit, um die Aufforderung zu verarbeiten. Daraufhin wiederholt sie die Aufforderung und schenkt sich selbst einen Becher Tee ein.[84]

Da autistische Kinder vor allem „visuelle Lerner" sind, ist laut der australischen Heilpädagogin Susan Dodd dies die bewährteste Methode, um autistischen Kindern neue Verhaltensweisen beizubringen.[85]

Das Kind kann jedoch nicht nur positive, sondern auch negative Verhaltensweisen vom Modell lernen. Wichtig ist es deshalb, dass die Erzieherin ihr eigenes Verhalten regelmäßig reflektiert und sich dem Kind gegenüber vorbildlich verhält.[86]

Damit die Erzieherin vom Kind jedoch als Modell akzeptiert wird, ist eine positiv-emotionale Beziehung notwendig, welche sich durch Wertschätzung, Echtheit und Verstehen auszeichnet.[87] Das bedeutet also, dass die Erzieherin gegenüber dem Kind trotz seines Autismus eine „positive [...] Grundhaltung [...] haben sollte, die sich durch Achtung, Anerkennung und Wohlwollen umschreiben lässt."[88]

Damit sie besser in der Lage ist, sich in das Kind hineinzuversetzen, wäre es vorteilhaft, wenn sie sich zum Thema Autismus anhand von Büchern oder durch verschiedene Fortbildungen informiert, um die Krankheit kennenzulernen.

---

[81] Vgl. ebd.
[82] Vgl. ebd., S. 271.
[83] Vgl. Altenthan (2012): S. 86
[84] Vgl. Dodd (2007): S. 320.
[85] Vgl. Dodd (2007): S. 320.
[86] Vgl. Altenthan (2012): S. 97.
[87] Vgl. ebd., S. 89.
[88] Vgl. ebd., S. 223.

Ebenso ist es wichtig, dass sie dem Kind gegenüber echt ist und ihre Einstellungen ihrem Verhalten entsprechen. Denn nur dann ist sie dem Kind gegenüber wirklich wertschätzend und sympathisch.[89]

Auch sollte die Erzieherin dem Kind ihre Erwartungen mitteilen. Diese sollten aber klar und verständlich formuliert sein, denn autistische Kinder haben die Tendenz, alles wörtlich zu verstehen.[90]

Wie für die anderen Kinder auch sollten für das autistische Kind bestimmte Regeln gelten.[91] Die Erzieherin hat die Aufgabe, Grenzen aufzuzeigen und diese Regeln durchzusetzen.[92] Das Kind wird vermutlich keine Probleme damit haben, diese Regeln zu lernen, da es eine Vorliebe für Routinen und Strukturen hat.[93]

Aus diesem Grund aber auch sollte die Erzieherin darauf achten, dass Tagesabläufe strukturiert ablaufen, sodass diese dem Kind vertraut werden. Wenn dann irgendwann Veränderungen auftreten sollten, ist es wichtig, diese dem Kind vorher anzukündigen.[94]

4.3. Räumliche Rahmenbedingungen

Damit das Kind sich im Kita-Alltag gut entwickeln kann, sind jedoch nicht nur spezielle Fördermaßnahmen wichtig, welche von der Erzieherin praktiziert werden, sondern auch die räumlichen Rahmenbedingungen. Das Kind muss sich in dem Raum wohl fühlen, damit es auch gut in diesem lernen kann.

Es ist also wichtig, dass die Räume an die Bedürfnisse der Kinder angepasst sind.

Da laut Tony Attwood, einem amerikanischen Psychologen, autistische Kinder sehr lichtempfindlich und farbempfindlich sein können[95], ist es wichtig, dass die Wände der Kita keine grelle Farben haben. Auch ist es wichtig, dass alle Räume Vorhänge haben, sodass die Räume an sehr sonnigen Tagen eventuell abgedunkelt werden können. Auf diese Weise kann verhindert werden, dass das Kind während einer Aktivität am Nachmittag durch intensive Lichtstrahlen geblendet oder abgelenkt wird.

Auch laute Geräusche oder Lärm können für das autistische Kind sehr belastend sein.[96]Aus diesem Grund sollten die Wände der verschiedenen Räume der Kita schalldämmend sein, sodass kein Lärm aus den Nachbarräumen in die verschiedenen Räume dringt. Ebenso ist

---

[89] Vgl. ebd., S. 223.
[90] Vgl. Dodd (2007): S. 329.
[91] Vgl. ebd., S. 329
[92] Vgl. ebd., S. 329
[93] Vgl. Dodd (2007): S. 119.
[94] Vgl. Altenthan (2012): S. 329.
[95] Vgl. ebd., S. 154.
[96] Vgl. ebd., S. 145.

es wichtig, dass die Erzieherin darauf achtet, dass die Kinder, welche sich im gleichen Raum wie das autistische Kind befinden, nicht zu laut werden.

Da sich der Geräuschpegel der Kinder oftmals nicht unterdrücken lässt, wäre ein Gehörschutz für das Kind mit Autismus empfehlenswert. Dies kann es sich bei Bedarf holen und die Erzieherin hilft ihm, diesen aufzusetzen.

Immer gut für das autistische Kind ist auch ein Rückzugsbereich, in dem es vor Reizüberflutung geschützt ist. Dieser Rückzugsbereich sollte möglichst abgedunkelt und ruhig sein, um einen Kontrast zum Kindergartenalltag zu bieten. Wenn der Platz für einen Rückzugsbereich nicht ausreicht, kann es schon reichen eine Höhle, beispielsweise mit Matten, Matratzen oder Decken, für das Kind zu bauen.

Für eine bessere Orientierung im Zimmer ist es günstig, wenn einzelnen Funktionsbereiche dieses Raums visuell durch Raumteiler, Möbel, Klebebänder, Schilder, Teppiche voneinander abgegrenzt sind.[97] Auch ist es vorteilhaft, wenn innerhalb eines Raumes eine klar ersichtliche Struktur vorhanden ist. Gemeint ist, dass an geschlossene Schranktüren beispielsweise Schilder angebracht sind, die zeigen, was in den Schrank hineingehört.[98]

---

[97] Vgl. Schirmer (2006): S. 165.
[98] Vgl. ebd., S. 164.

5. Fazit

Nachdem ich mich nun über mehrere Wochen intensiv mit dem Thema „Förderung von Kindern mit Asperger-Syndrom im Kita-Alltag" beschäftigt habe, bin ich zu dem Schluss gekommen, dass es viele Möglichkeiten gibt, wie Kinder mit Asperger-Syndrom in ihrer Entwicklung im Kita-Alltag unterstützt werden könnte.

Unterschiedliche Methoden können hierfür von den Erzieherinnen angewandt werden. Eine ist beispielsweise die „Hände-auf-Hände-Strategie" mit welcher sich die feinmotorischen Fähigkeiten der Kinder trainieren lassen.

Angebote zu Themen, wie „Gefühle" und „Emotionen" ermöglichen dem Kind bestimmte Inhalte auf spielerischer Weise aufzuarbeiten.

Die Erzieherin hat bei diesem Förderungsprozess eine hohe Verantwortung. Sie sollte sich ihrer Vorbildsfunktion stetig bewusst sein und aus diesem Grund ihr Verhalten permanent kritisch reflektieren.

Für eine positive-emotionale Beziehung ist es wichtig, dass sie sich dem Kind gegenüber wertschätzend und authentisch verhält.

Damit das Kind sich in der Einrichtung wohl fühlt, sollten die Räume der Kita an den Bedürfnissen des Kindes angepasst sein.

Letztendlich ist jedes Kind mit Asperger -Syndrom einzigartig. Deshalb reagiert auch jedes Kind individuell auf unterschiedliche Förderungsmöglichkeiten. Es ist wichtig herausfinden, was für jedes Kind wirksam ist. Aus diesem Grund sollte das Kind im Kita-Alltag auch von der Erzieherin beobachten und betreut werden. Ebenso sollte eine intensive Zusammenarbeit mit den Eltern sollte erfolgen. Schließlich sind sie die Experten vom Kind.

Literaturverzeichnis

1. Altenthan, Sophia (2012): *Pädagogik/Psychologie für das berufliche Gymnasium Baden-Württemberg Band 2*, Köln: Bildungsverlag EINS GmbH.

2. Amlang, Maud (2011): Autismus. Verstehen und Helfen, Tübingen: dgvt-Verlag.

3. Atwood, Tony (2000): *Das Asperger Syndrom: Ein Ratgeber für Eltern*, 1. Auflage, Talheim: Georg Thieme Verlag.

4. Attwood, Tony (2016): *Das Asperger-Syndrom. Das erfolgreiche Praxis-Handbuch Eltern und Therapeuten*, 4. Aufl., Stuttgart: TRIAS Verlag in Georg Thieme Verlag KG.

5. Dodd, Susan (2007): Autismus. Was Betreuer und Eltern wissen müssen, 1. Auflage. München: Elsevier GmbH.

6. Franke, Swen (2018): *Asperger Kinder erkennen und (ein wenig) verstehen lernen. Ein kleiner Ratgeber für Eltern von Kindern mit Asperger-Syndrom*, Nordstedt: Demand GmbH.

7. Jorgensen, Ole, Sylvester (1998): *Autismus oder Asperger. Differenzierung eines Phänomens*, 2. Auflage. Weinheim und Basel. Beltz Verlag

8. Jorgensen, Ole Sylverster (2002): *Asperger Syndrom zwischen Autismus und Normalität. Diagnostik und Heilungschancen*, 6. Auflage. Weinheim und Basel: Beltz Verlag

9. Poustka, Fritz (2009): *Autistische Störungen. Informationen für Betroffene, Eltern, Lehrer und Erzieher.* Göttingen: Hogrefe Verlag gGmbH & Co. KG.

10. Preißmann, Christine (2014): Asperger. Leben in zwei Welten. Betroffene berichten: Das hilft mir in Beruf, Partnerschaft & Alltag, Stuttgart: TRIAS Verlag in MVS Medizinverlage Stuttgart GmbH & Co. KG.

11. Remschmidt, Helmut (2000): Autismus. Erscheinungsformen, Ursachen, Hilfen, München: Verlag C. H. BECK.

12. Schirmer, Brita (2006): *Elternleitfaden Autismus*, Stuttgart: TRIAS Verlag in MVS,